Sieglinde Holl

Originelle GELDGESCHENKE zur Hochzeit

frechverlag

Von der bekannten Autorin Sieglinde Holl sind im frechverlag weitere interessante Titel erschienen.

Hier eine Auswahl:

TOPP 1887

TOPP 1871

TOPP 1888

TOPP 1639

TOPP 1772

Dieses Buch enthält:
1 Vorlagenbogen

Zeichnungen: Richard Knecht
Fotos: frechverlag GmbH + Co. Druck KG, 70499 Stuttgart; Fotostudio Ullrich & Co., Renningen

Auflage:	10.	9.	8.	7.	6.	Letzte Zahlen
Jahr:	2002	2001	2000	1999	98	maßgebend

ISBN 3-7724-2053-2 · Best.-Nr. 2053
Druck: frechverlag GmbH + Co. Druck KG, 70499 Stuttgart

Es ist häufig gar nicht so einfach, ein passendes Geschenk für das Hochzeitspaar zu finden. Manchmal bereitet es wirklich Kopfzerbrechen, das Richtige auszuwählen und den Geschmack des Paares zu treffen. Deshalb geht man immer häufiger dazu über, Geld zu schenken.

Doch nur Geld in einem Umschlag ist nicht besonders originell. Geldgeschenke, verbunden mit einer lustigen und kreativen Idee, kommen dagegen immer gut an. Beispielsweise ein Geldschrank in Miniaturform, ein lustiges Thermometer gegen Geldfieber, eine wertvolle Rechenmaschine oder ein Bund Karotten mit viel Vitamin „G".

Diese Ideen werden nicht nur bei den Beschenkten auf großes Interesse stoßen. Auch die übrigen Gäste werden mit interessanten Anregungen für zukünftige Hochzeitsgeschenke nach Hause gehen.

Die einzelnen Geschenke können ohne großen Aufwand und mit nur wenigen Materialien nachgearbeitet werden. Ich hoffe, es ist auch eine passende Idee für Sie dabei, und wünsche Ihnen viel Erfolg bei der Gestaltung!

Ihre Sieglinde Holl

Ein etwas anderer Geldschrank

Anleitung Seite 6

Diese Hemden sollen Euch nie ausgehen

Anleitung
Seite 6

Ein etwas anderer Geldschrank

Abbildung Seite 4

Geschenkkarton, 12 cm x 10 cm
Dekoband
Orangefarbener Guincostab
Steckdraht
Roséfarbenes Tonpapier
Klebstoff
Geldscheine

Der Geschenkkarton wird von innen mit dem Dekoband beklebt. Klemmen Sie den Guincostab im Geschenkkarton als Kleiderstange fest.
Biegen Sie mit Hilfe einer Rundzange fünf Kleiderbügel laut Zeichnung (siehe Vorlagenbogen) aus Steckdraht. Die Geldscheine werden entsprechend der Zeichnung zu Hemden gefaltet. Hängen Sie diese der Größe nach hintereinander in den Schrank. Sie können die Bügel auch mit doppelseitigem Klebeband in die Geldscheine kleben.
Schreiben Sie auf einen Streifen Tonpapier „Einen Geldschrank für Euch“, der abschließend an dem Geschenkkarton angebracht wird.

Diese Hemden sollen Euch nie ausgehen ...

Abbildung Seite 5

Kleiderständer (Tobler)
Weißer Hut (Tobler)
Zylinder (Tobler)
Ausgestanztes Herz (Tobler)
Blaue Marabufedern
Steckdraht
Weißes Tonpapier
Geldscheine
Klebstoff

Falten Sie die Geldscheine laut Zeichnung (siehe Vorlagenbogen) zu Hemden.
Biegen Sie mit Hilfe einer Rundzange zwei Kleiderbügel aus dem Steckdraht (siehe Vorlagenbogen). Die gefalteten Geldscheine werden mit Hilfe der Kleiderbügel an den Kleiderständer gehängt.
An den weißen Hut kleben Sie eine blaue Marabufeder, während der Kleiderständer auf einem blauen Herz befestigt wird.
Auf einen Streifen Tonpapier schreiben Sie „Diese Hemden sollen Euch nie ausgehen...“ und befestigen diesen an dem Kleiderständer.

„Einen Geldschrank für Euch“

„Diese Hemden sollen Euch nie ausgehen“

Die Befreiung vom Geldfieber

Weißer Tonkarton
Weißes Tonpapier
Bunte Zahlen aus Moosgummi
Doppelseitiges Klebeband
Schwarzer, roter und silberner Filzstift
Geldscheine
Klebstoff

Übertragen Sie die Konturen des Fieberthermometers vom Vorlagenbogen auf weißen Tonkarton, und schneiden Sie es aus. Malen Sie mit Filzstift die Grad-Einteilungen und das rote Dreieck auf. Die Moosgummizahlen werden oben und unten aufgeklebt.

Die Spitze des Fieberthermometers wird mit silberfarbenem Filzstift angemalt. Rollen Sie die Geldscheine so dünn wie möglich auf, und befestigen Sie diese mit doppelseitigem Klebeband hintereinander in der Mitte des Thermometers.

Schreiben Sie auf einen Streifen Tonpapier „Die Befreiung vom Geldfieber“, und kleben Sie den Streifen auf das Fieberthermometer.

Wer den Pfennig nicht ährt...

- Blumentopf, 13 cm
- Steckschaum
- Naturfarbener Weizen
- Palmblätter
- Guincostäbe in verschiedenen Farben
- Naturfarbener Bast
- Lorbeerblätter in Rot, Grün und Blau
- Kokosschale
- Pfennige
- Geldscheine
- Kupferdraht
- Elefantenpapier

Arbeitsanleitung Seite 10

Anleitung Seite 10

Wer den Pfennig nicht ährt ...

Abbildung Seite 8

Kleben Sie ein Stück Steckschaum in den Blumentopf. In den Steckschaum werden verschiedenfarbige Guincostäbe und Weizenhalme in unterschiedlicher Länge und von der Mitte aus gesteckt. Zwischen die Halme stecken Sie eine Kokosschale und die Palmblätter.
An den Guincostäben werden die Lorbeerblätter befestigt, während die Pfennige auf den Blättern angebracht werden. Oben auf die Guincostäbe werden ebenfalls Pfennige geklebt.
Knicken Sie drei orangefarbene Guincostäbe zu einem Dreieck, und umwickeln Sie dieses mit Bast. Legen Sie dieses Dreieck auf den Topfrand, und bekleben Sie es mit Lorbeerblättern und Pfennigen. Umwickeln Sie die Topfmitte mit Bast, wobei vorne auf die Verknotung ein Pfennig geklebt wird.
Darunter kleben Sie den Streifen aus Elefantenpapier, auf den Sie „Wer den Pfennig nicht ährt..." geschrieben haben. Schlingen Sie den Kupferdraht über das Gesteck, und befestigen Sie daran die gefalteten Geldscheine.

„Wer den Pfennig nicht ährt"

„Wer den Pfennig nicht ährt"

Ein wolkenfreier Ehehimmel mit viel Sonnenschein und ab und zu ein erfrischender Geldregen

Abbildung Seite 9

Tonkarton in Sonnengelb, Weiß, Rosa und Orange
Satinbänder, 3 mm breit, in Blau, Gelb, Grün, Rot und Rost
Roter Filzstift
Weißer Lackstift
Geldscheine

Das Motiv wird vom Vorlagenbogen auf den entsprechenden Tonkarton übertragen und anschließend ausgeschnitten. Kleben Sie die Augen und den Mund auf die Sonne, und malen Sie mit Filzstift die Wangen und die Nase ein. Mit weißem Lackstift werden die Augenlichter eingemalt.
Hinter die Sonne kleben Sie die beiden Wolkenteile. Schreiben Sie auf einen Streifen Papier „Wir wünschen Euch immer einen wolkenfreien Ehehimmel mit viel Sonnenschein und ab und zu einen erfrischenden Geldregen". Schneiden Sie das Papier wolkenförmig aus, und kleben Sie es auf die Wolken.
Die Geldscheine werden gefaltet und an den bunten Satinbändern aufgehängt. Diese befestigen Sie von hinten in verschiedenen Höhen an den Wolken.

Damit Eure Haushaltskasse stimmt!

Rechentafel
Geldscheine
Doppelseitiges Klebeband
Satinband, 3 mm breit
Gelbes Tonpapier

Mit doppelseitigem Klebeband werden Geldscheine übereinander an den Metallstäben der Rechentafel befestigt. Schreiben Sie auf einen Streifen Tonpapier „Damit Eure Haushaltskasse stimmt". Dieser wird gelocht und mit Satinband an der Rechentafel festgebunden.

Die nötige Geldspritze für die Zukunft

Anleitung Seite 14

Eine wertvolle Schale

Anleitung
Seite 14

Die nötige Geldspritze für die Zukunft

Abbildung Seite 12

Blauer Glanzkarton
Spitze, 10 mm breit
Weißer Hut (Tobler)
Schwarzer Zylinder (Tobler)
Doppelringe (Tobler)
Tüll
Spritze (Apotheke)
Geldscheine
Doppelseitiges Klebeband

Aus dem Glanzkarton wird ein 52 cm x 22 cm großes Rechteck ausgeschnitten und mit Hilfe eines Lineals und einer Schere genau in der Mitte gefalzt.

Kleben Sie oben und unten die weiße Spitze auf den Rand. Schreiben Sie auf einen Papierstreifen „Hier die nötige Finanzspritze für Eure Zukunft“, und kleben Sie diesen Streifen auf den Glanzkarton. Darüber befestigen Sie die Spitze, während die Doppelringe daruntergeklebt werden. Rechts auf dem Glanzkarton befestigen Sie den Tüll, darauf den weißen Hut und daneben den Zylinder.

Die Geldscheine werden zu einem Dreieck gefaltet und mit doppelseitigem Klebeband hintereinander auf dem Glanzkarton befestigt.

Eine wertvolle Schale

Abbbildung Seite 13

Blaue Keramikschale
Blumenerde
Topfpflanzen
Tüll, 10 cm breit
Steckdraht
Spitzenband, 6 cm breit
Hellgrünes Tonpapier
Golddraht

Pflanzen Sie die Topfpflanzen in die Keramikschale. Fertigen Sie aus Tüll und dem Spitzenband je eine große Schleife, und stecken Sie beide zu den Pflanzen in die Schale.

Schlingen Sie viel Golddraht über die Pflanzen. Die Geldscheine werden gefaltet und am Golddraht festgebunden.

Schreiben Sie den Spruch „Für Euch eine wertvolle Schale“ auf hellgrünes Tonpapier. Abschließend wird der Streifen gelocht und an dem Golddraht befestigt.

„Für Euch eine wertvolle Schale“

„Für Euch eine wertvolle Schale“

Wünsche für die Zukunft: Reichtum und Schönheit

Holzkelle für die Sauna
Seife
Shampoo
Massagebürste
Duftholz
Golddraht
Elefantenpapier
Geldscheine

Falten Sie die verschiedenen Geldscheine, und binden Sie diese an einen langen Golddraht.
Dieser wird über die mit den oben angegebenen Materialien gefüllte Holzkelle geschlungen, wobei die Enden an dem Griff der Holzkelle befestigt werden.
Schreiben Sie auf einen Streifen Elefantenpapier „Unsere Wünsche für die Zukunft: Reichtum und Schönheit“. Binden Sie diesen Spruch abschließend mit Bast an den Griff der Holzkelle.

Für Euch eine wertvolle Blüte ...

Anleitung Seite 18

Für Euch eine wertvolle Blüte
wenn die Blätter fallen,
können Eure Wünsche in Erfüllung gehen

Für Euch eine wertvolle Blüte. Wenn die Blätter fallen, können Eure Wünsche in Erfüllung gehen

Abbildung Seite 16/17

Styroporkugel, 8 cm
Dekoband mit Drahtrand, 50 mm breit
Weißer Tüll
Geldscheine
Stecknadeln
Salalblätter
Rosenblätter
Grünes Floristenband
Steckdraht

Schneiden Sie vom Dekoband 5 cm ab, und fixieren Sie es mit einer Stecknadel auf der Styroporkugel. Fertigen Sie aus vier 5 cm langen Dekobandabschnitten vier Dreiecke, und stecken Sie diese rund um den schon befestigten Bandabschnitt.

Aus weißem Tüll werden gleichgroße Dreiecke angefertigt und versetzt auf die befestigten Dreiecke gesteckt. Anschließend folgt eine Reihe mit Geldscheinen, die auch zu Dreiecken gefaltet und mit einer Stecknadel dazugesteckt werden.

Ab der dritten Reihe werden die Bandabschnitte 8 cm lang, wobei die Dreiecke anders gefaltet werden. Legen Sie dazu das Band vor sich hin. Knicken Sie die linke obere Ecke auf die Ecke rechts unten, so daß Drahtkante auf Drahtkante liegt. Drehen Sie das Band, und wiederholen Sie den Vorgang. So erhalten Sie ein größeres, plastisches Dreieck.

Bestecken Sie abwechselnd die Styroporkugel mit Dekoband, Tüll und Geldscheinen. Anschließend wird in die Unterseite der Styroporkugel ein langer Steckdraht gesteckt. Legen Sie dicht an die Styroporkugel die Salalblätter, und befestigen Sie diese mit Floristenband an dem Steckdraht.

Nachdem dieser vollständig mit Floristenband umwickelt wurde, werden immer wieder Rosenblätter ebenfalls mit Floristenband am Steckdraht befestigt.

Lieber reich und schön ...

- *Schachtel aus Wellpappe*
- *3 eingepackte Seifen*
- *Bast*
- *Goldfarbenes Lorbeerblatt*
- *Rosafarbenes Tonpapier*
- *Geldscheine*

Falten Sie die Geldscheine seitlich nach hinten, so daß vorne nur der Kopf der Dame zu sehen ist. Binden Sie mit Bast die Geldscheine über die Mitte der verpackten Seifen. Binden Sie Bast um die Schachtel, und stecken Sie vorne ein goldenes Lorbeerblatt ein. Schreiben Sie auf den Tonpapierstreifen „Lieber reich und schön...“, und kleben Sie ihn auf den Schachtelrand.

Für die Reise ins Glück ...

Anleitung Seite 22

Um Eure Löcher zu stopfen

•••

Anleitung
Seite 22

Für die Reise ins Glück ...

Abbildung Seite 20

Keramikschale, 30 cm
Keramikkoffer als Sparbüchse
Golddraht
Vierkanthölzer, 5 mm breit
Dekoband mit Drahtrand, 70 mm breit
Goldband, 4 mm breit
Vogelsand
Muscheln
Geldscheine
Gelbes Tonpapier

Füllen Sie die Keramikschale mit Vogelsand, und legen Sie Muscheln dazwischen. Nun wird der Keramikkoffer in den Sand gestellt.
Nehmen Sie zwei 15 cm lange Vierkanthölzer, und kleben Sie oben und unten je ein Zwischenstück aus 5,5 cm langem Vierkantholz dazwischen. Schneiden Sie vom Dekoband ca. 20 cm ab, und wickeln Sie es oben und unten um die Zwischenstücke, wobei das Band etwas durchhängen sollte. Stellen Sie den Liegestuhl in den Sand.
Die Geldscheine werden zu einem Dreieck gefaltet und in den Vogelsand gesteckt. Ein Schein wird gefaltet in die Öffnung der Sparbüchse eingesetzt.
„Für die Reise ins Glück ...“ schreiben Sie auf einen Streifen Tonpapier, den Sie mit Golddraht an dem Liegestuhl befestigen.

Um Eure Löcher zu stopfen ...

Abbildung Seite 21

Ovaler Weidenkorb
Handgestrickte Socken
Stopfwolle in verschiedenen Farben
Nadelsortiment
Stopfei
Satinband, 3 mm breit
Rotes Tonpapier
Geldscheine

Die Socken werden mit Satinband zusammengebunden. Schreiben Sie auf einen Streifen Tonpapier „Um Eure Löcher zu stopfen ...“, und befestigen Sie den Streifen an dem Satinband.
Legen Sie die Socken, an denen Stopfwolle befestigt wird, über den Korb, und stecken Sie die gefalteten Geldscheine in die Wolle.
Das Stopfei, das Nadelsortiment und die übrigen gefalteten Geldscheine werden zwischen die Socken in den Korb gesteckt.

„Um Eure Löcher zu stopfen“

„Um Eure Löcher zu stopfen“

Darf ich Euch diesen Bären aufbinden?

Plüschbär
Satinbänder, 6 mm breit, in verschiedenen Farben
Elefantenpapier
Geldscheine

Die verschiedenen Geldscheine falten und in der Mitte mit dem Satinband abbinden. Sie werden an Armen und Beinen befestigt, einer findet auf dem Kopf des Bären Platz. Schreiben Sie auf einen Streifen Elefantenpapier „Darf ich Euch diesen Bären aufbinden?“, und befestigen Sie den Streifen am Fuß des Bären.

Wir wünschen Euch „Geld wie Heu"

Anleitung Seite 26

Wir wünschen Euch „Geld wie Dreck“

Anleitung Seite 26

Wir wünschen Euch „Geld wie Heu"

Abbildung Seite 24

- Rupfensack, 15 cm x 11 cm
- Goldband, 4 mm breit
- Heu
- Geldstücke
- Geldscheine
- Elefantenpapier
- Doppelseitiges Klebeband

Den Rupfensack mit Heu füllen. Rollen Sie die Geldscheine auf, und stecken Sie diese zwischen das Heu. Damit die Geldscheine aufgerollt bleiben, kleben Sie ein kleines Stück doppelseitiges Klebeband dazwischen.

Das Goldband wird um den Rupfensack gebunden. Kleben Sie die Geldstücke auf den Rupfensack, und schreiben Sie auf einen Streifen Elefantenpapier „Wir wünschen Euch Geld wie Heu". Dieser Streifen wird unter das Goldband gesteckt.

Wir wünschen Euch „Geld wie Dreck"

Abbildung Seite 25

- Kehrschaufel mit Handfeger
- Burgunderfarbenes Dekoband, 70 mm breit
- Mintfarbenes Tüllband mit Punkten, 70 mm breit
- Golddraht
- Lakritze
- Elefantenpapier
- Geldscheine

Fertigen Sie aus den beiden Bändern je eine Schleife, und binden Sie diese am Stiel der Kehrschaufel fest.

Schreiben Sie auf Elefantenpapier „Wir wünschen Euch ‚Geld wie Dreck'". Dieser Streifen, die gefalteten Geldscheine sowie die Lakritze werden an einem langen Golddraht festgebunden.

Mit Hilfe eines Rundstabes werden kleine Windungen in dem Golddraht angebracht, bevor Sie diesen am Stiel der Kehrschaufel befestigen.

Wir wünschen Euch „Geld wie Heu"

Wir wünschen Euch „Geld wie Dreck"

Für zwei Turteltauben

Zwei Tauben
Keramikschale, 13 cm
Steckschaum
Heu
Hellgrünes Dschungelmoos
Birkenzweige
Kreppprosen
Weißer Tüll
Weiße Holzeier
Golddraht

Füllen Sie die Keramikschale mit Steckschaum, und decken Sie diesen mit Heu, Birkenzweigen und Dschungelmoos ab. Die Tauben auf das Heu setzen, die Holzeier davor legen und die Rosen im Vordergrund befestigen.
Binden Sie den Tüll in Abständen von 10 cm mit Golddraht ab, und befestigen Sie das aufgerollte Geld an einem langen Golddraht, den Sie über den Tüll schlingen.
Schreiben Sie auf ein Stück weißes Schreibmaschinenpapier „Für zwei Turteltauben", und befestigen Sie es vor den Kreppprosen.

Macht Euch auf zur Geldwäscherei

Anleitung Seite 30

Einen Geld-cocktail für Euch

Anleitung Seite 30

Macht Euch auf zur Geldwäscherei

Abbildung Seite 28

Sandspielzeug
Bast
Muscheln
Vogelsand
Gelbes Tonpapier
Steckdraht
Geldscheine
Geldstück

Den Eimer mit Sand füllen und verschiedene Geldstücke hineinstecken. Das Sieb drücken Sie auf den Eimer und füllen es ebenfalls mit Sand. Die Schaufel und der Rechen werden rechts und links im Eimer befestigt.

Die Backformen und die Gießkanne binden Sie mit Bast an den Henkel des Eimers. Rollen Sie die Geldscheine auf, und binden Sie diese mit Bast an den Henkel.

Auf einen Streifen Tonpapier schreiben Sie „Macht Euch auf zur Geldwäscherei" und binden diesen mit Bast an ein Stück Steckdraht, den Sie in den Sand stecken.

Einen Geldcocktail für Euch

Abbildung Seite 29

2 Sektflöten
Papierschirmchen
Murmeln
Geldscheine
Geldstücke
Golddraht
Weißer Tüll
Wachsperlen

Die Sektflöten werden abwechselnd mit Murmeln und Geldstücken gefüllt. Geben Sie dazu irisierende Wolle oder Flower Hair unten in das Glas, damit die Murmeln nicht im Glas festsitzen.

Fädeln Sie die Wachsperlen auf den Golddraht, und binden Sie den Tüll dazwischen.

Schreiben Sie auf einen Streifen Tonpapier „Einen Geldcocktail für Euch", und kleben Sie diesen an ein Sektglas.

Die Papierschirmchen werden zwischen die Murmeln in die Sektflöten gesteckt.

„Macht Euch auf zur Geldwäscherei"

„Einen Geldcocktail für Euch"

Wir wünschen Euch viel Vitamin „G"

Anleitung Seite 32

Wir wünschen Euch viel Vitamin „G"

Abbildung Seite 31

1 Bund Karotten
Geschirrhandtuch
Golddraht
Geldscheine
Orangefarbenes Tonpapier

Das Geschirrhandtuch wird um die Karotten geknotet. Falten Sie die Geldscheine, und binden Sie diese an einem langen Golddraht fest, der anschließend über die Karotten geschlungen wird. Schreiben Sie auf einen Streifen Tonpapier „Wir wünschen Euch viel Vitamin ‚G'", und befestigen Sie diesen an dem Golddraht.

Wir wünschen Euch viel Vitamin „G"

Wir wünschen Euch viel Vitamin „G"